ÉLOGE FUNÈBRE

DE LA

RÉVÉRENDE MÈRE

JOSÉPHINE PETIT

VANNES

IMPRIMERIE GALLES, RUE DE L'HÔTEL-DE-VILLE.

1888

ÉLOGE FUNÈBRE

DE LA RÉVÉRENDE MÈRE

JOSÉPHINE PETIT

SUPÉRIEURE GÉNÉRALE

DES SŒURS FIDÈLES COMPAGNES DE JÉSUS

PRONONCÉ LE 13 DÉCEMBRE 1888

DANS LA CHAPELLE DES FIDÈLES COMPAGNES DE JÉSUS

A SAINTE-ANNE

PAR MONSEIGNEUR L'ÉVÊQUE DE VANNES.

VANNES

IMPRIMERIE GALLES, RUE DE L'HOTEL-DE-VILLE.

—

1888

ÉLOGE FUNÈBRE

DE LA

RÉVÉRENDE MÈRE JOSÉPHINE PETIT

SUPÉRIEURE GÉNÉRALE DES SŒURS FIDÉLES COMPAGNES DE JÉSUS.

> « *Gaudete... universi qui lugetis
> super eam.* — Soyez dans la joie,
> vous tous qui pleurez sur elle. »
> Isaïe, LXVI, 10.

MES CHÈRES FILLES,

Voilà certes une étrange parole. Prononcée sur un cercueil, particulièrement sur le cercueil d'une mère vénérée, cette exhortation pourrait paraître à des mondains blessante et dérisoire. J'avoue même qu'elle n'est pas littéralement conforme aux sentiments qui pénètrent vos cœurs et font couler vos larmes. De grâce, suspendez votre jugement. Si légitime que soit votre douleur, à laquelle je m'associe du fond de l'âme, ne lui permettez pas de mettre en doute ma religieuse et paternelle sympathie. J'entreprends plutôt de vous consoler, en montrant que la mort, comme la vie entière, de la Révérende Mère Joséphine Petit, deuxième Supérieure générale de votre Société, est pour nous tous qui l'avons connue et aimée un sujet de joie chrétienne et un motif de grande espérance. Toujours est-il que je me sens porté à m'écrier : *Gaudete…. universi qui lugetis super eam.*

Puissé-je, mes chères Filles, faire revivre un instant par la pensée cette fidèle Compagne de Jésus ! Que saint Joseph, son puissant patron, que sainte Anne, l'une de ses protectrices de prédilection, m'aident de concert à reproduire convenablement les principaux traits de votre mère si aimable et si bonne !

I.

Une âme où Dieu a déposé des germes extraordinaires de sanctification, ne tarde pas à porter des fleurs embaumantes et des fruits délicieux de vertu et de dévotion. Celle qu'il avait prédestinée à devenir votre mère, mes chères Filles, ne fit point exception à cette règle générale, mille et mille fois reconnue par les Maîtres de la vie spirituelle.

Ne parlons pas de son origine, si honorable qu'elle ait été. Elle avait sacrifié généreusement sa famille selon la nature à sa famille selon la grâce, « ayant eu soin, comme il est dit au chapitre premier de vos Constitutions, de se dépouiller de toute affection charnelle envers ses parents, de la changer en une affection spirituelle, et de ne les aimer que de cet amour qu'exige la charité bien ordonnée, comme étant morte au monde et à l'amour-propre, et ne vivant que pour Jésus-Christ Notre Seigneur, qui lui tient lieu de père, de mère, de frères et de toutes choses. »

Pensionnaire des Fidèles Compagnes de Jésus, puis quelques années après Postulante et Novice dans la même Société, Louise Petit se fit toujours remarquer, sans la moindre prétention, au milieu de ses compagnes, par une tenue irréprochable, une obéissance respectueuse envers ses supérieures, une aménité qui n'avait rien de banal ni d'excessif à l'égard de ses égales, une application soutenue à tous ses devoirs ; elle était disposée à plaire à toutes, à la condition de ne jamais déplaire à Dieu. Au rapport d'une d'elles, qui devait plus tard jouir, à juste titre, de sa confiance et partager jusqu'à la fin ses joies et ses peines, Louise leur inspirait une sorte de crainte révérencielle, au point qu'elles n'eussent pas osé, en sa présence, dire un mot répréhensible, faire un geste inconvenant. En partageant leurs jeux, elles les portait à la vertu. Aussi ne tarda-t-elle pas à se concilier l'estime et l'affection des unes et des autres.

L'insigne honneur d'entrer dans la Société des Fidèles Compagnes de Jésus lui fut facilement accordé. Que se passa-t-il pendant son Postulat et son Noviciat ? Je l'ignore. Il n'est pas téméraire d'affirmer que, Postulante et Novice, elle fut un modèle de toutes les vertus de son âge et de sa condition. Aussitôt qu'elle fut jugée capable de prendre part à la vie active et bienfaisante de la Congrégation, ses Supérieures l'envoyèrent successivement dans plusieurs Maisons de l'Institut. Partout elle tint sa place avec humilité, distinction, zèle et dévouement.

Ce fut en Suisse, à Carouge, qu'elle passa les années les plus nombreuses de son enseignement et de son supériorat local. Cette Maison, jadis si florissante, je la visitais l'an dernier. Son bel enclos, aux horizons si variés, où d'heureuses pensionnaires prenaient leurs joyeux ébats, respiraient un air pur et fortifiant, est solitaire. Des herbes parasites, des ronces et des épines ont remplacé les fleurs aux suaves parfums. La chapelle est aujourd'hui sans tabernacle et sans son hôte divin. Sur cette terre de liberté, dans ce beau pays où la nature luxuriante attire le voyageur, par la variété de ses sites, la fraîcheur de ses vallées, l'élévation de ses montagnes, la chute de ses cascades et le rayonnement de ses glaciers, là aussi la Révolution a fait un coup de force, dans le but et l'espoir de paralyser la mission salutaire des âmes d'élite consacrées à Dieu et si habiles à élever l'enfance et la jeunesse.

Est-il besoin de dire que Mère Joséphine Petit

avait pour ses élèves une tendresse toute mater-
nelle ? Sans cette disposition touchante, eût-elle
été vraiment la fidèle compagne de Celui qui
aimait tant les petits enfants, qui ne se lassait
pas de les caresser et de les bénir ? Elle était payée
d'un juste retour. N'est-il pas vrai, mes enfants,
qu'un regard désapprobateur de cette femme était
pour vous un châtiment redouté et que son sourire
maternel vous épanouissait le cœur et vous
paraissait la plus douce récompense de vos efforts
vers le bien ? Cette grande âme savait aller à vos
âmes et les élever jusqu'à Dieu.

L'année 1837 lui réservait une vive jouissance.
Votre révérende Mère fondatrice, appelée à Rome
pour les affaires de l'Institut, choisit pour compagne de pèlerinage Mère Joséphine. Que d'é-
motions durent lui causer la visite aux Basiliques
romaines, à tous les sanctuaires de la Ville
éternelle, l'audience du Souverain Pontife, la vue
des ruines payennes et la pompe des cérémonies
saintes et si grandioses de Rome chrétienne. Elle
rapporta de ce voyage une foi plus vive, un
amour plus ardent pour l'Église et pour le Vicaire
de Jésus-Christ. Sans doute qu'elle s'écriait
souvent, comme Sainte Thérèse : « Nous sommes
les filles de l'Église. » Montrons-nous dignes de

notre Mère. Elle est sainte, sanctifions-nous ;
elle est catholique, allons porter la bonne nouvelle partout où nous serons appelées ; elle est
apostolique, évangélisons à notre manière et
selon les talents que nous avons reçus de Dieu.
Attachons-nous par le fond de nos entrailles à ce
roc inébranlable placé au milieu du monde par la
main toute-puissante de Celui qui a les paroles
de la vie éternelle. Hors de l'Église point de
salut, ni pour les individus ni pour les sociétés.

Au retour de la Ville éternelle, la maladie vint
mettre obstacle aux aspirations de Mère Joséphine,
qui se sentait poussée au travail. Elle tomba dans
un état de langueur qui ne laissait guère l'espoir
de la conserver longtemps. Dieu le voulait : elle
se résigna.

A la mort de votre Mère fondatrice, celle
qu'elle avait désignée pour prendre provisoirement
les rênes du gouvernement de la Congrégation ne
tarda pas à la suivre dans la tombe. Qu'arriva-
t-il ? Un jour, la nouvelle fut apportée à Mère
Joséphine qu'elle était nommée Vicaire de l'Institut. Ce fut pour elle un coup de foudre : « Ne
le dites à personne », répondit-elle, humble et
confuse, au messager de cette nouvelle, qui lui

avait causé une si douloureuse surprise. Son humilité parla si éloquemment que le secret fut gardé. Mais ce fut pour elle un bien autre sujet d'étonnement, de crainte et de confusion, lorsque on la choisit pour succéder à votre Mère fondatrice. C'était en 1858.

Vous savez, mes chères Filles, avec quelle dignité elle a porté pendant trente années cette charge, plus lourde que jamais aux jours où nous sommes. C'est à vous qu'il appartiendrait de parler de la sagesse de son gouvernement, de l'impulsion progressive qu'elle a su donner à vos œuvres, de tout le bien qu'elle a fait.

Passons, sans rappeler de pénibles souvenirs, sur les ruines qu'elle avait à réparer à Nantes et ici même. Les épreuves ne lui manquèrent pas. L'humble chapelle où, il y a cinquante ans, je répondais la messe à l'un de mes maîtres, fut fermée. Elle fut bientôt après rouverte. Et, grâce au ciel, depuis lors, cette maison, devenue la Maison-Mère, par suite des épouvantables malheurs qui sont venus fondre sur la France, a pris des développements et des proportions inattendus. Nous admirons, avec une profonde reconnaissance, le zèle que vous avez déployé parmi nous. Tout à l'heure, la dépouille mortelle de votre seconde Supérieure générale prendra possession du petit coin de terre bénite où dorment déjà plusieurs Fidèles Compagnes de Jésus ; ce sera pour nous un gage de plus de la prospérité que la Providence réserve à cet établissement.

Mais avant de prendre dans la tombe un repos si bien mérité, que d'œuvres la Révérende Mère Joséphine n'a-t-elle pas accomplies ! A combien de fondations nouvelles en France, en Angleterre, en Irlande, au Canada et jusqu'en Australie a-t-elle présidé !

Voilà que, en effet, au moment où, chez nous, la liberté, prêchée sur les toits, n'existe plus guère que, gravée en grosses lettres, sur la façade des monuments publics, la Mère que nous pleurons tous aujourd'hui, fut suppliée d'envoyer par delà les mers des ouvrières intelligentes, actives, prêtes à tous les sacrifices. Plusieurs évêques se disputèrent ces incomparables institutrices de l'enfance et de la jeunesse chrétiennes qui, pour l'amour de Dieu et du prochain, quittent tout, famille et patrie, au nom de la sainte obéissance. Tout est prêt pour qu'un certain nombre d'entre elles aillent allumer deux nouveaux foyers de vie intellectuelle et morale en Écosse et en Océanie.

Dites-nous, mes chères Filles, si la vie, cachée en Dieu, de votre Révérende Mère a manqué d'activité et de fécondité. Soyez heureuses et fières de cette propagande si efficace. Réjouissons-nous, nous qui pleurons sur elle.

II.

Au livre de vos Constitutions, les qualités essentielles de la Supérieure générale sont ainsi déterminées :

Union à Notre Seigneur, dans la prière et tous les actes de la vie religieuse ;

Bon exemple donné à tous ; charité envers le prochain, particulièrement à l'égard de ses subordonnées, qui doivent trouver en elle une mère ferme, bonne, compatissante, sans faiblesse ;

Jugement et perspicacité ; la prudence plus nécessaire que le savoir ; la discrétion ;

Vigilance et constance ;

Bonne éducation, l'estime des membres de la Congrégation et des personnes du dehors.

Laquelle de ces qualités n'avez-vous pas vue briller, mes chères Filles, dans votre Révérende Mère ? Comme sa prière était fervente, dégagée de tout intérêt personnel, confiante et persévérante ! Vous l'avez vue amoureusement prosternée au pied du tabernacle, adorant, remerciant, conjurant le Seigneur d'avoir pitié de nous et de nous accorder de nouveaux bienfaits. Quand la maladie la retenait dans sa pauvre cellule, souffrant de ne pouvoir participer aux exercices religieux de la Communauté, elle se résignait et cherchait dans l'oraison un dédommagement qu'elle y trouvait toujours. Constamment unie au Bon Maître, d'esprit et de cœur, elle était quand même la fidèle Compagne de Jésus, qu'elle regrettait de ne pouvoir plus visiter dans la prison de son amour.

Sa vie exemplaire a été de notoriété publique : chacune de vous en a été témoin. Elle a été pour vous un modèle que vous vous êtes efforcées de copier fidèlement. Les enfants du pensionnat aussi bien que les membres de sa famille religieuse étaient l'objet de ses perpétuelles préoccupations. Elle voulait prendre à la fois soin de leurs âmes et de leurs corps ; les plus humbles la voyaient redoubler d'attentions délicates pour elles, surtout dans leurs infirmités de toutes sortes. Était-elle obligée d'adresser quelques réprimandes , elle s'acquittait de ce devoir avec une si grande douceur que la correction passait, non pas inaperçue, mais comme un avertissement charitable et maternel.

Elle savait discerner les esprits , juger des vocations, à la lumière de Dieu. Après avoir prié, réfléchi, consulté, elle décidait en toute charité et discrétion. Juste appréciatrice du mérite et de la vertu, accessible aux bons conseils, elle était habile à choisir ses auxiliaires, qu'elle plaçait, sans acception de personnes, selon leurs aptitudes particulières.

Elle veillait à tout , voulait tout savoir et s'éclairait par des correspondances régulières, surtout lorsque sa santé ne lui permettait plus de visiter ses Communautés, où elle était toujours ardemment désirée, filialement accueillie, écoutée, obéie, respectée, aimée au delà de toute expression. A son approche, les cœurs s'ouvraient, les langues se déliaient, les consciences se soulageaient, le courage renaissait dans les âmes alan-

guies. Son passage, toujours trop rapide, au gré
de ses Filles, était une joie, une force, une
bénédiction, une sorte de renouvellement intérieur
dont tout le monde se ressentait et qui imprimait
aux œuvres un mouvement plus accéléré. La
bonne Mère ne perdait pas de vue les besoins
auxquels elle avait dû pourvoir, les réformes
qu'elle avait opérées, les résolutions prises ; elle
exigeait que tout se fît, autant que possible,
comme elle l'avait prescrit.

Prises au pied de la lettre, toutes ces or-
donnances étaient d'autant plus faciles à exécuter
qu'elle en avait indiqué les moyens. D'autre part,
ses observations les plus rigoureuses étaient
toujours marquées au coin de la bonne éducation,
de la bonté, de la compassion, d'une connaissance
approfondie des personnes et des choses de la
Société. L'estime générale dont la Révérende
Mère jouissait à l'intérieur comme au dehors de
ses Communautés donnait à son commandement
un rare prestige et une autorité irrésistible.

Mes chères Filles, je crois avoir trouvé le
portrait fidèle de votre Révérende Mère fait par
Bossuet, dans l'oraison funèbre d'une abbesse
de son temps : « Je ne vois rien de plus re-
marquable que ce jugement si réglé avec lequel

elle vous a gouvernées, toujours également
éloignée et de cette rigueur farouche et de cette
indulgence molle et relâchée : si bien que, comme
elle avait pour vous une sévérité arrêtée de
douceur, vous lui avez toujours conservé une
crainte accompagnée de tendresse jusqu'au dernier
moment de sa vie... L'innocence, la bonne foi,
la candeur étaient ses compagnes inséparables :
elles conduisaient tous ses desseins, elles ména-
geaient tous ses intérêts ; elles régissaient toute
sa famille... Vous dirais-je avec quel zèle elle
soulageait les membres souffrants de Jésus-Christ?
Toutes les personnes qui l'ont fréquentée, savent
qu'on peut dire sans flatterie qu'elle était na-
turellement libérale, même dans sa vieillesse, à cet
âge ordinairement souillé d'avarice.... et dans ces
saints empressements de la charité qui travaillait
son âme innocente d'une inquiétude pieuse pour
les membres affligés du Sauveur des âmes, on
admirait particulièrement son humilité, non moins
soigneuse de cacher le bien que sa charité de le
faire. Je ne m'étonne plus qu'une vie si religieuse
ait été couronnée d'une fin si sainte. »

Mes chères Filles, à ces traits ne reconnaissez-
vous pas la Révérende Mère Joséphine Petit?
Laissez-moi conclure ainsi : « Considérant quelle

a été sa fin, imitez sa foi. » Sa fin, mais elle a
été édifiante et calme comme sa vie, unie à Dieu,
dont elle était toujours disposée à faire la sainte
volonté. Est-ce à dire qu'il ne lui a pas beaucoup
coûté de faire son dernier sacrifice? Son cœur
si aimant était partagé entre le désir du Ciel et
l'envie de rester encore au milieu de vous pour
vous être utile à toutes. Comme saint Martin,
elle ne refusait pas le travail et la peine avant
de courir au repos et à la joie.

Dieu lui fit la grâce de lui conserver ses facultés
intellectuelles jusqu'à ses derniers moments. Elle
reçut les secours de la Religion avec une piété
qui n'étonnait personne mais qui fortifiait tout le
monde, Mères, Sœurs, Novices. La bénédiction
suprême qu'elle voulut leur donner à toutes
portera bonheur à chacune. On n'oubliera point sa
résignation, ses avis et ses exemples, sa confiance
en Celui qui allait devenir son Juge, après l'avoir
acceptée pour épouse. Cependant la délicatesse de
sa conscience lui représentait la terreur qu'inspire
aux plus parfaits les redoutables jugements de Dieu.
Un mot du ministre de Jésus-Christ la rassurait et
lui rendait le calme du juste expirant. Elle ré-
pondit aux prières récitées autour de sa couche
funèbre... Ses mains défaillantes laissaient tomber

son chapelet et son crucifix, elle les cherchait instinctivement et les retrouvait quelquefois. Lorsque sa voix fut éteinte, ses lèvres à demi glacées déjà semblaient s'unir encore aux prières des agonisants... Elle s'éteignit insensiblement, sans donner à sa famille éplorée, mais soumise aux décrets divins, l'affreux spectacle de ces convulsions qui précèdent la plupart du temps le dernier soupir des moribonds. La mort, amère au commun des enfants d'Adam et d'Ève, lui fut douce. Voilà trois jours qu'elle lui a fermé les yeux, sans atteindre en apparence sa chair virginale. Ce matin encore, elle semblait dormir d'un sommeil naturel, lorsqu'il a fallu se résoudre à la dérober aux regards attentifs de ses Filles chéries.

O vous qui l'avez tant aimée et à qui elle a prodigué tant de fois les trésors de son cœur maternel, ne pleurez pas comme ceux qui n'ont plus d'espérance au delà du tombeau. Réjouissez-vous plutôt... Il vous est permis de croire que vous avez au ciel une protectrice de plus... Cependant priez pour elle... Vous lui devez ce dernier témoignage d'affection et de reconnaissance. A son exemple, priez aussi pour votre Congrégation. Dieu sait mieux que nous ce qui nous est nécessaire, surtout dans l'ordre du salut. Puissiez-vous obtenir que celle qui succédera dans le gouvernement de votre Institut à cette femme forte et excellente, marche sur ses traces, animée du même esprit de foi et de charité. Ayez confiance, mes chères Filles; vos vœux seront exaucés. En attendant, vous ne resterez pas absolument orphelines. Sans parler de la sollicitude pastorale de celui qui mettra toujours à votre service les conseils et les encouragements qu'il vous doit, une autre Mère, pleine de sagesse, d'expérience et de vertu, se fera toute à toutes pour vous diriger les unes et les autres dans les voies de la perfection chrétienne et maintenir votre Société au niveau intellectuel, moral et surnaturel qui lui a valu les bénédictions de Dieu et l'estime des gens de bien. Tels sont les souhaits que forment pour vous, avec moi, ces prêtres et ces fidèles qui avaient à cœur de vous apporter en ce jour de deuil le tribut de leur religieuse condoléance et de leur entier dévouement.

Ainsi soit-il !

9 782329 435954